Preparazione alle abilità di base dello psicologo clinico-sanitario

Scopri come iniziare nell'ambito della salute mentale

Juan Moisés de la Serna

Traduzione di Francesco Basso

Editorial Tektime

2019

"Preparazione alle abilità di base dello psicologo clinico-sanitario"

Autore Juan Moisés de la Serna

Traduzione di Francesco Basso

Prima edizione: febbraio2019

© Juan Moisés de la Serna, 2019

© Edizioni Tektime, 2019

Tutti i diritti riservati

Distribuito da Tektime

https://www.traduzionelibri.it

Prefazione

In questo libro vengono trattati gli aspetti basilari che deve conoscere un professionista che desideri addentrarsi nell'ambito della salute mentale, in particolare della Psicologia Clinica. Un libro introduttivo per l'esercizio professionale che mostra le basi sopra le quali si basano la dignosi e l'intervento in uno dei campi più richiesti della psicologia. Senza dubbio un aiuto per coloro che sono agli inizi o che sono curiosi riguardo la forma di lavoro nella pratica clinica.

Ai miei genitori

Indice

Capitolo 1. Basi della gestione dei manuali diagnostici D.S.M.-V y C.I.E.-10

Nonostante avessimo già iniziato a vedere nel dibattito precedente di cosa trattassero i manuali di diagnosi clinica maggiormente utilizzati, in questo paragrafo si discuterà della loro struttura e modalità di funzionamento, per cui ne analizzeremo ognuno singolarmente, con la consapevolezza che diventerà il manuale di riferimento obbligatorio per poter stabilire una diagnosi al riguardo.

Prima di iniziare, sottolineare i lati positivi dell'utilizzare un manuale standardizzato, sebbene ogni professionista potrebbe affidarsi al suo proprio "sistema" di classificazione, quando un paziente viene trasferito ad un altro professionista, o nel caso in cui si debba ricoverare a causa di un grave problema, è fondamentale affinché ci sia un consenso sulla sua cartella clinica.

I sintomi di cui può soffrire una persona possono essere cronici o acuti, con i primi che fanno riferimento ad una malattia più a lungo termine, di solito con una bassa o media intensità e che sono soliti richiedere anche un più piccolo intervento di tipo psicofarmacologico.

Al contrario, quando si parla di casi acuti, si parla di momenti specifici di forte sintomatologia in una sola volta e di solito molto intensa, come ad esempio nel caso di un crollo psicotico o del Delirium tremens.

Il primo denominato Disturbi psicotici acuti e transitori riguarda (F23), secondo il C.I.E.-10:

"Gruppo eterogeneo di disturbi caratterizzati da un inizio acuto di alcuni sintomi psicotici come delirio, allucinazioni e alterazioni della percezione, e da un grave sconvolgimento del comportamento ordinario. L'inizio acuto viene definito come uno sviluppo in crescendo di un quadro clinico chiaramente anormale nell'arco di due settimane o meno. Per questi disturbi non ci sono prove di una causa biologica. Spesso ci sono perplessità e sconcerto, ma il disorientamento per quanto riguarda tempo, luogo e persona non sono sufficientemente persistenti o gravi da giustificare una diagnosi di delirio dovuto a cause biologiche (F05.-). Di solito si verifica un recupero completo in pochi mesi, spesso in poche settimane o anche giorni. Se il disturbo persiste è necessario cambiare la diagnosi. Il disturbo può essere associato oppure no a stress acuto, che viene definito come la presenza di eventi stressanti abituali che avvengono una o due settimane prima dell'inizio del quadro".

G1. Inizio acuto di deliri, allucinazioni, discorsi incomprensibili o incoerenti, o di qualsiasi combinazione tra questi. L'intervallo di tempo tra la manifestazione di un qualunque sintomo psicotico e la presentazione del disturbo, completamente evoluto, non deve superare le due settimane.

G2. Se si presentano stati transitori di perplessità, falso riconoscimento o deficit di attenzione o di concentrazione, tali stati non corrispondono ai criteri di un quadro confusionale di causa biologica, come viene specificato in F05.-, criterio A.

G3. Il disturbo non risponde a criteri di episodi maniaci (F30.-), depressivi (F32.-), o di disturbi depressivi ricorrenti (F33.-).

G4. Non ci sono prove sufficienti di un consumo recente di sostanze psicoattive per soddisfare criteri di intossicazione (Flx.O), consumo pericoloso (Flx.l), sindrome di dipendenza (Flx.2) o di sindrome da astinenza. Il consumo continuo di alcool o droghe in quantità moderate e costanti, o con la frequenza alla quale il soggetto è abituato, non esclude necessariamente l'uso di F23. Ciò si deve stabilire in funzione del giudizio clinico e dei requisiti del progetto di investigazione in questione.

G5. Criterio di esclusione usato con maggiore frequenza. Assenza di un disturbo neurobiologico (F00-F09) o di un'alterazione metabolica grave che danneggia il sistema nervoso centrale (non è incluso il parto).

Deve essere utilizzato un quinto carattere per specificare se l'inizio acuto del disturbo è da associare ad uno stress acuto (che si produce due o meno settimane prima che si abbiano prove dei primi sintomi psicotici):

F23.xO Senza stress acuto associato.

F23.xl Con stress acuto associato.

Per motivi di ricerca è opportuno che il passaggio di un disturbo da uno stato non psicotico ad uno chiaramente psicotico sia specificato più come improvviso (inizio in 48 ore) o acuto (inizio in più di 48 ore, ma in meno di due settimane).

Per quanto riguarda il Delirium tremens, questo può manifestarsi a causa del consumo di sostanze come barbiturici o come parte del processo di astinenza quando si tratta di abbandonare la dipendenza dal consumo di alcool. Al riguardo, e secondo il C.I.E.-10:

FlO. Sindrome di astinenza dall'alcool

A. Devono verificarsi i criteri generali della sindrome da astinenza (Flx.3).

B. Tre dei seguenti segni devono essere presenti:

1. Tremore della lingua, delle palpebre o delle mani tese.

2.   Sudorazione.

3.   Nausea, conati o vomito.

4.   Tachicardia o ipertensione.

5.   Disordini psicomotori.

6.   Cefalea.

7.   Insonnia.

8.   Malessere o debolezza.

9.   Illusioni o allucinazioni provvisorie di tipo visivo, tattile o uditivo.

10. Convulsioni epilettiche.

Nota diagnostica

In presenza di delirio, la diagnosi sarà di sindrome di astinenza dall'alcool con delirio (delirium tremens) (FIOA).

Integrando questa con quella anteriore vi è una categoria specifica per i casi in cui appaia il delirio nel processo di astinenza:

F1x.4 Sindrome di astinenza con delirio

"Condizione in cui la sindrome da astinenza, definita con il quarto carattere comune .3, si complica a causa di un delirio, come viene definito in F05. Possono verificarsi anche convulsioni. Questa condizione deve essere classificata in F05.S quando si ritiene che anche fattori biologici stiano avendo un ruolo nella eziologia".

Delirium tremens (indotto dall'alcool)

Precisamente questo delirio, che non si manifesta in tutti gli alcolisti, sarà uno degli stimoli principali al momento di abbandonare questa dipendenza, sebbene in questo processo esistano molti fattori che facilitano il non recupero e la ricaduta nella dipendenza.

Come si sta evidenziando, uno dei principali problemi delle dipendenze sono le ricadute, vale a dire ritornare a consumare alcool, nel caso della dipendenza dal bere.

E infatti, nei programmi di disintossicazione degli Alcolisti Anonimi, si celebrano gli anni che una persona trascorre senza bere come qualcosa di eccezionale.

Il primo anno sobrio, il secondo...sapendo che, in qualsiasi momento, si può ricadere, sebbene si siano passati anni senza assumere alcool.

Studi precedenti affermano che alcuni fattori della personalità possono aiutare a continuare a non cadere nell'alcool per molto tempo, ma quali fattori della personalità servono per evitare la ricaduta?

In questo studio pubblicato di recente sulla rivista Psychology dall'Università di Montpellier e Saint Etienne sono state analizzate due caratteristiche della personalità, la stabilità emotiva e la capacità di saper mantenere relazioni stabili, sulla base della bibliografia esistente che afferma che erano precisamente questi due fattori della personalità quelli che sono stati accertati come i migliori indicatori dell'assenza di ricadute nell'alcolismo nel corso del tempo.

È stato somministrato a tutti un questionario approfondito della personalità al fine di verificare se esistessero differenze tra i due gruppi, sapendo che l'unica spiegazione di queste ultime sarebbe stata l'aver avuto o no di recente un'esperienza con l'alcool.

I dati mostrano variazioni significative tra i due gruppi per quanto riguarda nevroticismo, cordialità e consapevolezza.

Quelli che avevano appena smesso con l'alcool mostravano livelli significativamente più alti di nevroticismo, relazionati con una maggiore instabilità emotiva, con mancanza di controllo degli impulsi, con stress e pensieri irrazionali.

I membri del gruppo che non bevevano da più tempo mostravano una maggiore cordialità, ossia mostravano una maggiore tendenza all'altruismo e disponibilità ad aiutare gli altri, aspetto fondamentale per interagire in modo positivo con gli altri e per stabilire relazioni sociali durature.

Riguardo alla consapevolezza, presente in misura maggiore nelle persone che non assumono alcool da più tempo, questa è relazionata a livelli più alti di autostima, con un'attenzione all'immagine personale e agendo in modo disinteressato per gli altri, cosa che rende più semplice lo stabilirsi di relazioni durature.

Questi tre aspetti della personalità differenti tra chi ha appena smesso con l'alcool e chi non beve da due anni spiegherebbero le differenze tra le due misure, essendo il gruppo degli astemi di lunga durata quello che mostrava una maggiore stabilità emotiva e relazioni sociali stabili.

Sebbene, come indica lo studio, pochi fattori non vadano a determinare un cambio totale di personalità, se ci si riferisce agli elementi implicati nella facilitazione della stabilità emotiva e delle relazioni sociali durature, che sono stati mostrati in precedenza come buoni indicatori dell'astinenza a lungo termine, questi piccoli cambi in alcuni fattori della personalità fanno comunque sì che non si verifichino ricadute nel caso della dipendenza dall'alcool.

Ciò che lo studio non dice, è se questo fattore di protezione contro la ricaduta delle persone che sono state dipendenti dall'alcool serve per fare una distinzione tra la popolazione a rischio oppure no di essere dipendente, cioè se è possibile sapere rifacendoci a questi fattori della personalità se la persona può essere dipendente dall'alcool molto prima che inizi a bere. Ciò sarebbe importante al momento di stabilire piani di prevenzione quasi personalizzati per la popolazione più portata, a causa dei suoi tratti caratteriali, a cedere di fronte a questo tipo di dipendenza.

Tornando al caso di questo paragrafo, vediamo ora la struttura del C.I.E.-10 in modo da prendere confidenza con questo manuale diagnostico:

La prima cosa che è necessario dire al riguardo è che fu pubblicato dall'Organizzazione Mondiale della Salute (O.M.S.) e che la sua ultima versione è del 1992.

È diviso in 22 capitoli che affrontano tutta la "problematica" della salute che può presentarsi in qualsiasi momento della vita, alcuni dei quali sono separati in base ai sistemi interessati (Gruppo XI. Malattie del sistema circolatorio; Gruppo X. Malattie del sistema respiratorio).

Riguardo alla Psicologia Clinica il paragrafo corrispondente è del codice V: disturbi mentali e del comportamento (F00-F99).

In questo paragrafo è divisa in funzione della problematica di cui si occupa:

- F00-F09. Disturbi neurobiologici, inclusi i disturbi sintomatici.

- F10-F19. Disturbi mentali e del comportamento dovuti al consumo di sostanze psicotrope.

- F20-F29. Schizofrenia, disturbi schizofrenici e

deliranti.

- F30-F39. Disturbi dell'umore (emotivi).

- F40-F49. Disturbi nevrotici, disturbi relazionati allo stress e somatoformi.

- F50-F59. Sindromi del comportamento associate ad alterazioni fisiologiche e fattori fisici.

- F60-F69. Disturbi della personalità e del comportamento negli adulti.

- F70-F79. Ritardo mentale.

- F80-F89. Disturbi dello sviluppo psicologico.

- F90-F98. Disturbi emotivi e del comportamento che compaiono abitualmente nell'infanzia o nell'adolescenza.

- F99. Disturbi mentali non specificati.

A loro volta all'interno di questo gruppo vengono inclusi diversi disturbi, ad esempio, all'interno dei disturbi nevrotici, disturbi relazionati allo stress e disturbi somatoformi (F40-F49) è possibile distinguere:

- F40. Disturbi fobici dell'ansia.

- F41. Altri disturbi dell'ansia.

- F42. Disturbi ossessivo-compulsivi.

- F43. Reazione allo stress grave e disturbi di adattamento.

- F44. Disturbo di conversione dissociativo.

- F45. Disturbo somatoforme.

- F48. Altre nevrosi.

A loro volta, all'interno di ogni disturbo, si è soliti sottoclassificarne altri in funzione delle loro caratteristiche, ad esempio nel caso dei disturbi somatoformi (F45):

la manifestazione tipica di questo gruppo di disturbi è la continua presentazione di sintomi fisici, insieme ad una continua richiesta di ricerche mediche, malgrado i risultati negativi e la costante conferma da parte dei medici del fatto che questi sintomi non hanno un'origine biologica. In caso sia presente una qualsiasi infermità somatica, questa non spiega la naturalezza e l'estensione dei sintomi, o il malessere e la preoccupazione del paziente.

A loro volta i disturbi somatoformi (F45) possono suddividersi in:

- F45.0 Disturbo della somatizzazione.
- F45.1 Disturbo somatoforme indifferenziato.
- F45.2 Disturbo ipocondriaco.
- F45.3 Disfunzione vegetativa somatoforme.
- 30 Cuore e sistema cardiovascolare.
- 31 Tratto gastrointestinale alto.
- 32 Tratto gastrointestinale basso.
- 33 Sistema respiratorio.

- 34 Sistema urogenitale.
- 38 Altri organi e sistemi.
- F45A Disturbo del dolore persistente somatoforme.
- F45.8 Altri disturbi somatoformi.
- F45.9 Disturbo somatoforme non specificato.

Infine, per ognuno di questi sottoparagrafi vengono specificati i criteri di inclusione e di esclusione, come la sintomatologia prevedibile e la sua durata ed evoluzione, per poter stabilire in modo chiaro la relativa diagnosi. Ad esempio riguardo al disturbo della somatizzazione (F45.0):

"I tratti principali sono sintomi fisici multipli, ricorrenti e spesso mutevoli di almeno due anni di durata. La maggior parte dei pazienti ha una lunga e complessa storia di contatti con servizi sanitari di cure primarie e specializzate, durante i quali sono state condotte diverse prove negative e operazioni esplorative infruttuose. I sintomi possono fare riferimento a qualsiasi parte o sistema del corpo. Il corso del disturbo è cronico e fluttuante, e spesso è associato ad alterazioni nella vita sociale, familiare e interpersonale. I quadri con sintomi di breve durata (meno di due anni) o poco appariscenti devono essere classificati all'interno del disturbo somatoforme indifferenziato (F45.1).

Disturbo psicosomatico multiplo

Esclude: infermità simulata (simulatori consapevoli) (276.5).

A. Deve avere precedenti di almeno due anni di segnalazioni di sintomi multipli e variabili, che non possono essere spiegati da nessun disturbo fisico rilevabile. (Qualsiasi disturbo fisico che si scopra coincidente non spiegherebbe la gravità, l'estensione, la varietà e la persistenza delle rimostranze fisiche o della disabilità sociale). Se sono presenti alcuni sintomi chiaramente dovuti ad una iperattività vegetativa, questi non costituiscono la caratteristica principale del disturbo, nel senso che non sono particolarmente persistenti e fastidiosi.

B. La preoccupazione per i sintomi provoca un malessere persistente e conduce il paziente alla ricerca di ripetute consulenze (tre o più) e controlli, tanto nei servizi di cura primaria come in quelli specializzati. In assenza di servizi medici, per motivi di accessibilità o economici, il paziente si cura da solo continuamente o effettua diverse consulenze presso guaritori locali o personale paramedico.

C. Vi è un rifiuto continuo ad accettare la riassicurazione da parte dei medici sul fatto che non esiste una causa biologica che spieghi i sintomi somatici (l'accettazione di tali precisazioni nel corso di un breve periodo, ad esempio poche settimane durante o immediatamente dopo i controlli, non esclude questa diagnosi).

D. Bisogna avere un totale di sei o più dei sintomi della seguente lista, che si verificano in almeno due gruppi differenti:

Sintomi gastrointestinali:

1. Dolore addominale;

2. Nausea;

3. Sensazioni di pienezza addominale o di meteorismo;

4. Amaro in bocca o lingua saburrale;

5. Avvisaglie di vomito o rigurgitazione di alimenti;

6. Avvisaglie di movimenti intestinali rapidi o diarrea mucosa o liquida.

Sintomi cardiovascolari:

7. Respiro affannoso senza aver compiuto sforzi;

8. Dolore toracico.

Sintomi urogenitali:

9. Disuria o segni di minzione frequente;

10. Sensazione sgradevole ai genitali o intorno ad essi.

11. Segni di secrezioni vaginali eccessive o inusuali.

Sintomi cutanei e di dolore:

12. Segni di macchie o di decolorazione della pelle;

13. Dolore ad arti, estremità o articolazioni;

14. Sensazione sgradevole di formicolio o di arti

addormentati.

E. Il criterio di esclusione utilizzato con più frequenza. I sintomi non si verificano solo nel corso di un qualche disturbo schizofrenico o collegato (F20-F29), di un disturbo dell'umore (emotivo) (F30-F39), o di un attacco di panico (F41.0).

Riguardo al D.S.M., l'ultima versione, la V, è stata pubblicata nel 2013, ed è stata redatta dall'Associazione Statunitense di Psichiatria. A differenza del C.I.E.-10 che tratta di altre patologie, il D.S.M. tratta esclusivamente la problematica relativa alla salute mentale.

Viene qui impiegata una classificazione simile, con l'indicazione del tipo di disturbo, la sua definizione, i sintomi, la prevalenza (il numero di casi per ogni mille), le conseguenze, la diagnosi differenziale, la comorbilità (presenza di altri disturbi nello stesso tempo), criteri di diagnosi.

Un'informazione più dettagliata e completa di quella offerta dal C.I.E.-10, che alcuni Paesi hanno aggiornato creando la loro "propria" versione.

Continuando con l'esempio precedente riguardo al disturbo dei sintomi somatici 300.82 (F45.1):

A. Uno o più sintomi somatici che provocano malessere o danno luogo a problemi significativi nella vita quotidiana.

B. Pensieri, sentimenti e comportamenti eccessivi relazionati a sintomi somatici associati alla preoccupazione per la salute, come viene messo in evidenza da una o più delle seguenti caratteristiche:

1. Pensieri sproporzionati e persistenti sulla gravità dei propri sintomi.

2. Grado persistentemente elevato di ansia riguardo alla propria salute o sintomi.

3. Tempo ed energia eccessivi dedicati a questi sintomi e alla preoccupazione per la salute.

C. Sebbene qualche sintomo somatico possa non essere presente di continuo, lo stato sintomatico è persistente (di solito per più di sei mesi).

Uno dei vantaggi del D.S.M.-V è che riporta un paragrafo di corrispondenze dove viene specificato quale determinato disturbo corrisponde a quello del C.I.E.-10. Si parla così dei disturbi di sintomi somatici e dei disturbi relazionati (309):

300.82 (F45.1) Disturbo dei sintomi somatici (311)

300.7 (F45.21) Disturbo di ansia da infermità (315)

300.11 Disturbo di conversione (disturbo dei sintomi neurologici funzionali) (318) Specificare il tipo di sintomo:

(F44.4) Con debolezza o paralisi

(F44.4) Con movimento anomalo

(F44.4) Con disturbi di deglutizione

(F44.4) Con disturbi del linguaggio

(F44.5) Con attacchi o convulsioni

(F44.6) Con anestesia o perdita dei sensi

(F44.6) Con sintomi sensoriali speciali

(F44.7) Con sintomi misti

316 (F54) Fattori psicologici che influiscono su altri disturbi medici (322)

300.19 (F68.10) Disturbo artificiale (include il disturbo artificiale applicato a sé stessi e il disturbo artificiale applicato agli altri) (324)

300.89 (F45.8) Altro disturbo dei sintomi somatici e disturbi relazionati specifici (327)

300.82 (F45.9) Disturbo dei sintomi somatici e disturbi relazionati non specificati (327).

Capitolo 2. Il paziente in consultazione, gestione del colloquio clinico

Sebbene il termine di intervista clinica non si limiti esclusivamente all'ambito della psicologia, noi lo intenderemo in questo modo. Detto questo, si può definire l'intervista clinica come il luogo di incontro tra lo psicologo clinico e il paziente, in cui possono inoltre intervenire altri professionisti come osservatori o i parenti del paziente.

Bisogna tenere in considerazione che, quando si tratta di un minore, deve essere presente in tutti i casi un familiare o un tutore dello stesso, dal momento che quest'ultimo è colui che sarà responsabile dello svolgimento del trattamento.

Riguardo agli accompagnatori del paziente, di solito questi variano in funzione del rapporto di parentela, ma anche dell'età del paziente, che può presentarsi con il suo partner, con i genitori, o anche con qualche amico.

Bisogna tenere in considerazione che nell'intervista clinica si cerca di compiere determinati obiettivi a seconda della tappa in cui questa si trovi:

- Nella prima intervista, avviene l'esplorazione della persona, prestando particolare attenzione alle domande di quest'ultima, ma anche ai sintomi che manifesta. Di solito in questa prima intervista si può stabilire la diagnosi se il caso è "chiaro", mentre in caso contrario si possono richiedere nuove "interviste" finché non si riesce a stabilire la diagnosi corrispondente.

- Una volta stabilita la diagnosi, si stabilisce l'obiettivo della terapia, che può essere quello di ridurre la sintomatologia, apprendere tecniche di compensazione o la cura, quando questa sia possibile. Allo stesso modo si stabilirà una forma di lavoro (familiare, di gruppo o individuale) e una frequenza della terapia (una volta a settimana, due volte a settimana...).

Malgrado la domanda ricorrente dei pazienti e dei familiari su "Quanto durerà?", non si può indicare con certezza il periodo dei mesi della terapia, visto che esistono molti fattori che vanno ad incidere su quello.

- Il monitoraggio è una forma di intervista in cui si valutano i progressi raggiunti, e se questi sono adeguati agli obiettivi pianificati.

- La conclusione, che può verificarsi se si sono raggiunti gli obiettivi stabiliti in un primo momento, o perché questi sono stati cambiati in funzione di una qualsiasi variabile che può essere sorta. Per esempio, la persona, una volta raggiunto il suo obiettivo, desidera "ampliarlo" o "rafforzarlo" in altre aree.

Bisogna tenere in considerazione che non sempre si arriva a quest'ultima fase, che sia per l'abbandono della terapia da parte del paziente, o perché questo non sta "collaborando" nel suo recupero.

La modalità di realizzazione dell'intervista clinica può essere di tre tipi:

- Strutturata, in cui si impiegano dei "modelli" per valutare una persona che ricorre ad una consultazione.

- Aperta, in cui il paziente può parlare "liberamente" dei suoi sintomi e di cosa pensa che possa essere ciò che gli sta succedendo.

- Semistrutturata, che è una combinazione delle due precedenti, in cui vi è un "elenco" di domande ma in cui sono comunque le risposte del paziente che vanno ad orientare l'intervista.

Oltre a "conversare" per esaminare ciò che succede al paziente, è necessario ottenere informazioni più "misurabili" per poter stabilire la diagnosi corrispondente.

Per questo sono state progettate diverse prove strutturate, che seguono rigorose norme di controllo stabilite dalla psicometria (scienza della misura) di modo che i loro risultati siano validi e attendibili per la popolazione a cui si applicano.

La validità statistica indica la capacità di valutare con lo strumento creato ciò che effettivamente si desidera, per cui si utilizzano determinate analisi statistiche.

L'attendibilità fa riferimento al fatto che la prova non abbia errori statistici nella sua progettazione, e si può calcolare mediante la ripetizione della prova in diversi momenti (stima di test-retest), comparando i risultati di una metà di una prova con quelli dell'altra metà (stima di due metà), o comparando i risultati ottenuti con un'altra prova già standardizzata che valuta la stessa cosa (stima mediante forme parallele).

Nel corso degli anni si è andata perfezionando e migliorando la psicometria di modo che la sua attendibilità con le prove standardizzate sia abbastanza alta.

Ciò si è riflesso sulla comparsa di questionari, test e prove psicometriche standardizzate che permettono di esaminare il paziente in consulta in linea generale o con riferimento ad una specifica capacità o area di interesse.

Queste prove sono di solito accompagnate da modelli di correzione, in cui si ottiene una cifra, denominata indice, che si può confrontare con i risultati ottenuti dalla popolazione a cui appartiene la persona.

Per esempio, una prova standardizzata per valutare la memoria produce un indice "basso" paragonato a quello di una popolazione giovanile, ma questo stesso indice si può trovare "tra la media" all'interno della popolazione più anziana.

Pertanto, il confronto con la popolazione di appartenenza ci indica se questa capacità o abilità valutata è oppure no colpita e quindi se si deve intervenire oppure no.

Successivamente, viene presentato un esempio di uno strumento di diagnosi recentemente pubblicato, cioè la versione spagnola denominata questionario di Valutazione Comportamentale della Funzione Esecutiva – Versione Infantile (B.R.I.E.F.-P.), adattamento del questionario standardizzato utilizzato per la valutazione della funzione esecutiva denominato Psychological Assessment Resources.

La funzione esecutiva ci definisce per come siamo, dato che va a regolare il nostro modo di comportarci. Un danno alla funzione esecutiva o uno sviluppo inadeguato della stessa può avere importanti effetti sul nostro rendimento, riferito sia al raggiungimento dei nostri obiettivi sia al nostro modo di comportarci.

Una immaturità nello sviluppo esecutivo andrà ad avere una relazione diretta nei più piccoli al momento del rendimento scolastico, il quale è un indice che in un alunno non andrà a svilupparsi allo stesso livello di quello del resto dei propri compagni.

Un processo, quello dello sviluppo esecutivo, che accompagnerà il bambino fino all'adolescenza, inteso come il periodo in cui si va a formare definitivamente la personalità, che comprende una forma "stabile" del proprio essere e del comportamento, basata sulla funzione esecutiva.

Il questionario di Valutazione Comportamentale della Funzione Esecutiva – Versione Infantile (B.R.I.E.F.-P.) è stato appena presentato dall'impresa TEA Ediciones.

Riguardo alle caratteristiche della realizzazione le più importanti sono le seguenti:

- Il questionario viene applicato in modo individuale a genitori, professori e assistenti.

- L'età di utilizzo del bambino è dai 2 ai 5 anni e 11 mesi.

- La durata stimata è tra i 10 e i 15 minuti.

- Correzione online.

Riguardo allo strumento, questo comprende 63 voci, ad esempio:

- Fornisce un indice globale sulla Funzione Esecutiva.

- Fornisce tre indici principali:

• Indice di Autocontrollo inibitorio (I.A.I.), che informa sui problemi del controllo emotivo.

• Indice di Flessibilità (I.F.L.), che informa sulla facilità di cambiare le azioni adattandole al contesto.

• Indice di metacognizione emergente (I.M.E.), che informa sulla possibilità di elaborare e seguire piani di azione fino alla loro attuazione.

- Fornisce informazioni su cinque scale cliniche:

• Inibizione, imprescindibile per i compiti che richiedono un certo livello di attenzione per non distrarsi.

• Flessibilità, dato che il comportamento richiede un certo livello di adattamento alle nuove domande del contesto.

• Controllo emotivo, necessario per sovrapporre le emozioni alle attività da realizzare.

• Memoria di lavoro, fondamentale per poter realizzare un qualsiasi tipo di attività che richieda un livello medio o superiore di difficoltà.

• Pianificazione e organizzazione, utile al momento di stabilire gli obiettivi da conseguire.

Restano ancora da stabilire le implicazioni dell'individuazione della funzione esecutiva in disturbi dello sviluppo talmente importanti come il Disturbo dello spettro autistico o il Disturbo di deficit dell'attenzione con o senza iperattività.

Verificata la correlazione tra i risultati di questo questionario B.R.I.E.F.-P. e gli strumenti di tali disturbi dello sviluppo, tale correlazione potrebbe convertirsi in una prima misura su cui fare un approfondimento in base ai suoi risultati. Si tratta di un grande strumento per rilevare i primi ritardi nello sviluppo della funzione esecutiva, con cui si può progettare e implementare l'intervento corrispondente una volta rilevato, dato che dispone di una tabella separata per età e genere che permette di sapere se il bambino va avanti con lo sviluppo nel modo che ci si aspetta.

Allo stesso modo, e quando la si avrà, ci si dovrà basare sull'informazione medica o psichiatrica di cui già disponga il paziente, dato che questi può essere "citato" da un medico di famiglia o da un altro specialista, osservando quest'ultimo che non si tratta della sua propria area di competenza.

È frequente che il paziente sia stato precedentemente curato da uno specialista della salute mentale, in tal caso è importante raccogliere le informazioni sulla diagnosi e sul trattamento ricevuto, dato che nel caso in cui si abbia a che fare con una "ricaduta" è un bene sapere ciò che "non ha funzionato" nella precedente terapia in modo da non ripeterlo.

La ricaduta è estremamente preoccupante quando si tratta di dipendenze, siano queste a sostanze o comportamentali. La ricaduta è il problema più grande per quelle persone che desiderano smettere con l'alcool.

Bisogna tenere in considerazione il fatto che la selezione dello strumento di misura va ad essere determinato dallo sviluppo della prima intervista e delle successive sessioni finché non si "scopre" ciò che succede e non si stabilisce una diagnosi opportuna.

Non in tutti i casi la persona si rivolge a qualcuno per un problema psicologico, dato che a volte può "cercare" unicamente un sostegno terapeutico o di rafforzare qualche abilità o capacità personale, molto comune nel caso di persone con bassa autostima o che hanno bisogno di un minor rendimento nelle proprie relazioni sociali.

Anche se in questi casi non esiste una diagnosi in sé, si deve lasciare stabilito l'oggetto di intervento, dato che a partire da lì è possibile stabilire la forma di lavoro, valutare il progresso, e verificare quando si raggiunge l'obiettivo.

Per esempio, una persona ricorre ad una consulenza perché è incapace di parlare in pubblico, e dopo aver realizzato un'intervista semistrutturata si "sospetta" che quella persona soffra di una fobia sociale e che sia questa la causa della sua incapacità di parlare in pubblico.

La prima cosa che si deve fare è ricorrere al manuale diagnostico e vedere cosa questo dice riguardo alla Fobia Sociale, e in questo caso il C.I.E.-10 afferma:

IF40.1 Fobie sociali:

Paura di essere esaminato da altre persone, il che porta ad evitare situazioni di incontro sociale. Le fobie sociali più gravi sono solite associarsi ad una bassa autostima e alla paura delle critiche. Il paziente può rivolgersi a qualcuno in caso di rossore, tremore delle mani, nausea, urgenza minzionale e, in alcuni casi, può essere convinto del fatto che il problema primario siano queste manifestazioni secondarie di ansia. I sintomi possono progredire fino all'attacco di panico.

A.   Presenza di qualche sintomo tra i seguenti:

1.   Grande paura di essere il centro dell'attenzione, o paura di comportarsi in un modo che potrebbe essere imbarazzante o umiliante.

2.   Evitare fortemente di essere il centro dell'attenzione, o situazioni in cui c'è la paura di comportarsi in un modo che potrebbe essere imbarazzante o umiliante.

Queste paure si manifestano in situazioni sociali come ad esempio il mangiare o il parlare in pubblico, essere riconosciuti in pubblico o introdursi o restare all'interno di attività di un gruppo ristretto (ad esempio feste, riunioni di lavoro, lezioni).

B.   Almeno due sintomi di ansia davanti ad una situazione temuta, come viene definita nel criterio B di F40.0, devono presentarsi di continuo in almeno un'occasione dall'inizio del disturbo, con uno dei sintomi seguenti:

1. Arrossamento.

2. Paura di vomitare.

3. Forte necessità o timore di dover urinare o defecare.

C. Significativo malessere emotivo provocato dai sintomi o dall'atteggiamento dell'elusione, che il paziente riconosce come eccessivi o irragionevoli.

D. I sintomi si limitano alle situazioni temute o al pensare a queste ultime.

E. Il criterio di esclusione usato con maggior frequenza. I criteri A e B non sono dovuti a idee deliranti, allucinazioni o ad altri disturbi, come i disturbi neurobiologici (FOO-F09), schizofrenia o disturbi correlati (f20-f29), disturbi dell'umore (emotivi) (F30-F39) o i disturbi ossessivo-compulsivi (F42.-), e non sono nemmeno secondari alle credenze di una determinata cultura.

Dopo aver svolto il Questionario di interazione sociale per adulti (CISO-A), nel caso in cui si abbia a che fare con un adulto, o il Questionario di ansia sociale per bambini (CASO-N2), si constata che non si tratta di un problema di fobia sociale in sé, ma che al contrario vi è una carenza delle abilità sociali necessarie ad affrontare la prova.

Quando si conosce il risultato questo lo si deve comunicare al "cliente", chiamato così invece di paziente, dato che non soffre di nessuna psicopatologia.

Di comune accordo si può stabilire un intervento con lo scopo di capire dove andare a rinforzare le abilità che renderanno il cliente capace di svolgere il compito di affrontare una comunicazione in pubblico, ad esempio per tenere una conferenza o una presentazione.

Una volta che entrambi siano d'accordo con l'obiettivo, si progetta la pianificazione delle sessioni, gli obiettivi intermedi e la forma di lavoro per raggiungerlo.

Si deve anche sottolineare riguardo all'intervista clinica che non sempre la persona interessata "collaborerà" al momento di scoprire ciò di cui soffre, come per esempio quando la persona si sente depressa o "senza voglia di parlare".

Questo è molto comune ad esempio nelle persone che sono state "trascinate" lì da familiari o amici, e la situazione può essere particolarmente "conflittuale" quando si tratta di un adolescente portato lì dai genitori a causa di una "cattiva condotta".

Bisogna tenere in considerazione il fatto che trascinare una persona in una clinica "a forza" o "ingannandola" non favorirà un clima di fiducia che è necessario si instauri tra lo psicologo clinico e il paziente.

In più non servono a nulla né la diagnosi né il trattamento successivo se la persona non è "coinvolta" nel suo proprio recupero, dato che è fondamentale proprio questo coinvolgimento, con l'aiuto degli altri, per superare una determinata situazione.

Allo stesso modo va osservato che di solito i pazienti che ricorrono ad una consultazione lo fanno in una fase stabile della loro psicopatologia, a meno che non si lavori in un ambulatorio o in un centro medico, ed è difficile che ricorrino alla consultazione persone in uno stato avanzato della malattia, tanto più quando in questi casi vi è di solito il bisogno di una cura adeguata, cosa che va oltre le funzioni dello psicologo clinico.

Ciò che invece può verificarsi è che a posteriori chiedano aiuto pazienti che si trovano ancora sotto gli effetti delle cure, o anche pazienti provenienti da altri specialisti, i quali li stanno curando farmacologicamente.

In questi casi bisogna valutare la possibilità di un intervento, compreso il parlare con lo specialista che se ne occupa, affinché "riduca" la dose con lo scopo di rendere più efficace un qualsiasi intervento che si possa fare al riguardo, dato che, con dosi alte di farmaci contro il dolore o per controllare sintomi acuti, come paranoie o allucinazioni, si può fare poco per far migliorare il paziente.

I pazienti, in alcuni casi, possono sentirsi "intimoriti" dalla presenza di altri familiari nella sala, dato che non vogliono parlare dei loro problemi davanti a loro, e in questi casi si chiede all'accompagnatore di aspettare fuori fino alla fine della sessione, tranne che nel caso in cui si tratti di minori, situazione che richiede la presenza di genitori o tutori durante la terapia.

Le sessioni sono di solito pensate per durare 45 minuti, dato che si è osservato che il paziente non "usufruisce" di più tempo. All'interno di ciascuna sessione, sia per quanto riguarda l'intervista clinica che per le sessioni successive, si devono seguire tre fasi.

La prima fa riferimento all'inizio della sessione, in cui, dopo essersi presentati, si fanno domande sullo stato generale del paziente e sui progressi fatti, di modo che si instauri un clima di fiducia. Su questo si potrebbero investire circa cinque minuti.

È soprattutto in questa fase che il paziente ricorre ad una consultazione per la prima volta, e di conseguenza egli non sa cosa aspettarsi da quest'ultima.

Nella seconda fase della sessione, si prosegue con l'intervista o intervento propriamente detto, per cui ci sono a disposizione tra i trenta e i trentacinque minuti.

La prima volta è necessario spiegare al paziente come si realizzeranno le sessioni, quanto costano, l'orario, e tutte le informazioni necessarie al riguardo, di modo che quando questi esca dalla clinica non siano rimasti dubbi al riguardo.

Allo stesso modo bisogna "firmare" il contratto terapeutico, per cui viene fissato l'obiettivo da raggiungere e le condizioni precedentemente menzionate. Questo punto dipende molto dal Paese in cui viene applicato, dato che ce ne sono alcuni in cui non si firma niente per iscritto, basandosi di conseguenza solo su un accordo verbale.

Infine, il congedo, in cui si ricorda al paziente quanto è stato "prodotto" durante le sessioni, così come quanto ancora resta per raggiungere l'obiettivo, e in cui ci si dà appuntamento ad un altro giorno. Questa fase richiede gli ultimi cinque minuti della sessione.

Tra gli errori più frequenti dell'intervista ci sono i seguenti:

- Protrarla oltre il tempo stabilito, pensando così che questa abbia un'efficacia maggiore, senza rendersi conto così di "stancare" il paziente.

- Voler somministrare al paziente "tutti" i questionari che conosce, per essere più "sicuro" di quello che succede. Ciò denota una scarsa conoscenza dei propri strumenti di diagnosi.

- Non stabilire un successivo appuntamento, per cui non si saprà se il paziente tornerà oppure no.

- Voler iniziare a curare il paziente senza nemmeno aver stabilito un'opportuna diagnosi.

- Non ascoltare e anticipare la diagnosi, tentando di spiegare in modo approssimativo il problema del paziente, senza aver somministrato neppure un questionario al riguardo.

- Dare una scadenza esatta per il termine del trattamento.

- Permettere che il paziente provi a "risolvere" più problemi contemporaneamente quando questi non sono relazionati tra di loro.

- Non eseguire valutazioni regolari per verificare come progredisce il paziente e cosa gli manca per raggiungere i suoi obiettivi.

- Trasformare una sessione clinica in "chiacchiere da bar".

- Non spiegare al paziente le implicazioni del suo disturbo, una volta diagnosticato, nè il trattamento che dovrà seguire.

Questi e altri errori si superano con il tempo e l'esperienza, ma è importante tenerli in considerazione, soprattutto le prime volte in cui si ha a che fare con dei pazienti.

Allo stesso modo bisogna tenere in considerazione le abilità comunicative che deve avere un professionista. Lo psicologo clinico deve saper sviluppare una capacità di ascolto attivo, saper interpretare il linguaggio non verbale dell'altra persona e non provare ad "anticipare" di cosa questa persona può aver bisogno o "necessitare".

L'essere più o meno intraprendente in una consulenza dipende molto dal carattere del professionista, inoltre bisogna tenere in considerazione lo stato in cui si trova il paziente, a volte "spaventato" dal sapere come si realizzerà una consulenza, oppure "tormentato" dai suoi propri "malanni".

In ogni caso bisogna cercare sempre di essere il più professionali possibile, lasciando le "chiacchiere da bar" ad amici e conoscenti, senza dimenticare che la persona che ha davanti a sé sta richiedendo una cura clinica specializzata per un problema di salute mentale.

Uno dei problemi con cui devono confrontarsi gli specialisti sanitari al momento di occuparsi di un paziente è quello della diagnosi, dato che a partire da questo si stabilisce poi il trattamento, e l'evolversi della malattia. Per quello si può contare su "strumenti" che forniscono informazioni su ciò che sta succedendo all'interno dell'organismo del paziente quando si tratta di malattie fisiche, ma quando si tratta di malattie mentali la diagnosi è più complicata, dato che non si possono raccogliere dati "tanto oggettivi" come nel caso precedente, dal momento che vi è ancora una chiara sottovalutazione degli aspetti psicologici nell'ambito ospedaliero, così come viene mostrato dalla distinzione in termini clinici tra segni e sintomi:

- Parliamo di segni per riferirci ad un dato oggettivo riscontrato direttamente dal medico sullo stato di salute del paziente, ad esempio un ridotto numero di leucociti nel sangue, come risultato di un'analisi; alterazione nelle onde P secondo l'elettrocardiogramma; o la presenza di placche "senili" e neurofibrille evidenziate da una T.A.C. (Tomografia Assiale Computerizzata).

- I sintomi, a loro volta, sono l'espressione soggettiva di un paziente su un malfunzionamento del suo organismo. Equivarrebbe alle lamentele o disturbi manifestati dal paziente riguardo alla sua malattia; così come l'intensità percepita di fastidi o dolori.

Al momento di completare la cartella, per determinare se la persona presenta un quadro clinico, il valore dei segni è determinante, rispetto a quello dei sintomi che vengono presi in considerazione solo come segnali per un approfondimento senza avere un vero valore diagnostico.

Nella Psicologia Clinica, così come enunciato nel capitolo precedente, si è andata sviluppando una grande varietà di tecniche di valutazione, che vanno dalle prime interviste semistrutturate ai test proiettivi, tra cui probabilmente il più conosciuto è quello di Rorschach, fino ad arrivare alle odierne prove psicometriche, convalidate e standardizzate dalla popolazione target; allo stesso modo e una volta stabilita la diagnosi opportuna, lo psicologo ha a sua disposizione un ventaglio di tecniche di interventi terapeutici in funzione del disturbo mentale da trattare, potendo queste essere applicate in forma individuale o di gruppo ed essendo di un taglio più cognitivo, comportamentale o relazionale.

Attualmente, gruppi di malattie come la demenza sono studiate tanto dal punto di vista medico come da quello psicologico, con la verifica di una perdita progressiva di abilità, principalmente cognitive, dovuta ad un deterioramento neurale.

La più conosciuta tra queste è l'Alzheimer, il cui elemento più vistoso e per il quale normalmente è conosciuto è una perdita progressiva della memoria.

Si continua ad investigare, per poter realizzare una diagnosi chiara, ed è stata appena progettata una prova dalla Northwestern University (EE.UU), i cui risultati sono stati pubblicati sulla rivista scientifica Neurology che cerca di stabilire la diagnosi tra diversi tipi di demenza, verificando la capacità di indentificare e dare un nome a foto di personaggi famosi.

Per quello si sono analizzati 60 volontari oltre i 60 anni, la metà dei quali erano pazienti cui era stata diagnosticata un'afasia primaria, un tipo di demenza precoce, opposta all'altra metà sana.

Nello studio si cercavano correlazioni neurofisiologiche che confermavano la prova, trovando differenze tra i gruppi di partecipanti riguardo al compito di riconoscere i volti di personaggi famosi.

Il vantaggio di questo studio è che una prova talmente semplice come quella di vedere delle immagini su uno schermo è valida per poter individuare i primi sintomi della demenza in persone giovani tra i 40 e i 65 anni.

Questa è una cosa che uno specialista esperto può arrivare a "individuare" in una consulenza senza la necessità di mostrare questo tipo di immagini, ma che in ogni caso alla fine deve verificare attraverso l'applicazione di prove cliniche standardizzate per poter così fornire una diagnosi adeguata e conoscere le previsioni, l'evoluzione e il trattamento più adeguati alla psicopatologia del paziente che ricorre alla consulenza.

Capitolo 3. Selezione, amministrazione e correzione di test e scale standardizzate

La prima cosa che bisogna dire è che attualmente vi è una grande diversità di prove statistiche create per la valutazione dei problemi psicologici, ma per poter utilizzarle in ambito clinico è necessario che vengano rispettate alcune caratteristiche:

- Validità interna e Attendibilità, che sono misure psicometriche che segnalano che lo strumento misura ciò che effettivamente vuole misurare.

- Standardizzazione ad una determinata popolazione, orientata verso il tipo di paziente che si desidera analizzare, per età, sesso o altri criteri.

- Disporre di un modello di correzione, sebbene a volte la correzione possa essere fatta in forma telematica.

- Fornire indici e fattori, da confrontare con quelli della popolazione di riferimento, per verificare se i risultati ottenuti sono quelli che ci si attende oppure no.

A partire da qui bisogna selezionare il tipo di strumento da impiegare secondo i seguenti criteri:

- Oggetto di studio della prova: generale/riferito a un disturbo specifico;

- Età di applicazione;

- Materiale della prova: schede/puzzle/test;
- Durata della prova;
- Tipo di applicazione: individuale/collettiva;
- Tipo di correzione: manuale/automatica.

Uno dei problemi principali al momento dell'intervento clinico è che i pazienti sono soliti presentarsi in clinica quando la sintomatologia è talmente evidente che interferisce col normale svolgimento delle loro vite. Ciò quando una persona non può già più "gestire" i problemi causati dalla sua psicopatologia.

A volte invece sono i familiari e anche le autorità coloro che portano un paziente in clinica perché, malgrado il problema sia evidente, quest'ultimo è incapace di riconoscere il suo bisogno di aiuto. In entrambi i casi però, la psicopatologia è già in uno stato avanzato, il che rende più complicato il trattamento.

Da tempo si sa che prima viene fatta una diagnosi ad un paziente, prima si potrà intervenire e si otterranno maggiori risultati, permettendogli di riprendere la sua vita "precedente".

Per questo sono richiesti strumenti che siano sufficientemente sensibili alla rilevazione di alterazioni all'interno di tutta la popolazione, essendo necessaria una prova che valuti diverse aree funzionali, per vedere quale di queste sta iniziando ad essere colpita. Conoscete il Controllo del Deficit Cognitivo in Psichiatria?

Questo strumento creato nel 2014 si occupa di risolvere molti dei problemi precedentemente descritti, offrendosi come una valutazione breve e più sensibile di altre prove tradizionali come l'Esame Cognitivo Mini-Mentale (MMSE).

Alcune caratteristiche di questo strumento sono le seguenti:

- È rivolta a persone con un'età maggiore di 18 anni.

- L'applicazione è individuale.

- Il tempo di somministrazione è di 15 minuti circa.

- Valuta i livelli di funzionalità di cinque aree (Apprendimento verbale immediato (AV-I); Memoria di lavoro (MT); Fluidità verbale (FV); Apprendimento verbale ritardato (AV-D); e Velocità di elaborazione (VP)).

- Esistenza di tre diverse forme della prova, con cui si può svolgere un controllo momentaneo del paziente e dei suoi risultati, senza la necessità di tornare poi a proporre la stessa prova.

- Presenza di tabelle di comparazione della popolazione, in funzione dell'età e del livello di istruzione.

- Presenza di tabelle specifiche per i pazienti con schizofrenia o con disturbo bipolare I.

Così come affermano gli inventori di questo strumento, si tratta di una valutazione breve tanto per il numero di voci quanto per il tempo che richiede.

Uno dei suoi limiti è che si concentra unicamente sulla popolazione adulta, lasciando gli adolescenti e i più piccoli fuori dal suo campo di valutazione.

A causa della sua natura di strumento esplorativo non può essere considerato in maniera isolata, al contrario una volta rilevato un qualsiasi tipo di problema è necessario impiegare nuovi strumenti per approfondire una specifica area in cui si è ottenuto un risultato inferiore.

Se si rileva che un anziano mostra deterioramenti della memoria con questo strumento ci sarà bisogno di ricorrere ad altri strumenti specializzati nella valutazione del tipo concreto di memoria coinvolta, come anche ad altri ancora per poter escludere la malattia dell'Alzheimer, il cui principale sintomo è precisamente l'alterazione delle funzioni mnemoniche.

Si tratta pertanto di un eccellente strumento se non si sa molto bene da dove iniziare con l'analisi di un paziente, dato che fornisce dati a sufficienza per indirizzare future valutazioni o escludere un qualsiasi tipo di problema del paziente.

Le fasi per la selezione del questionario o test da

applicare sono le seguenti:

- Selezione in funzione dell'età del paziente, dato che il questionario può essere rivolto ad un età specifica, infanzia, adolescenza, età adulta e vecchiaia, indicata esplicitamente nello stesso.

- Selezione del gruppo a cui appartiene il paziente. A volte vengono ideati questionari per sesso o status sociale, per esempio per mogli o per studenti.

- Se non è chiaro, si ricorre ad un Controllo, come visto prima, per delimitare gli aspetti da approfondire maggiormente nell'analisi dei problemi del paziente.

- Se si conosce già la malattia, vi è la selezione della tecnica specifica per stabilire la diagnosi, dal momento che ci sono strumenti specifici per qualsiasi tipo di patologia.

In seguito vengono esposte le caratteristiche del SENA, uno strumento per la valutazione generale dei problemi nei bambini dai 3 anni in su, dato che uno dei problemi riguardo alla valutazione durante l'infanzia è che vi sono molti e diversi strumenti, incentrati su uno o due aspetti, e con criteri di standardizzazione e omogeneizzazione differenti. Ne consegue che i professionisti della valutazione dell'infanzia e dell'adolescenza devono realizzare diverse valutazioni utilizzando diversi strumenti prima di arrivare ad avere un'idea generale del problema che ha il bambino, andando oltre le "lamentele" di genitori e maestri.

Un processo di ricerca, di quello che è lo strumento migliore, che non fa che ritardare la diagnosi e l'intervento successivo. Inoltre vi sono stati genitori che hanno rinunciato al loro tentativo di cercare una soluzione per il loro figlio, a causa della quantità di ore e prove alle quali quest'ultimo deve essere sottoposto, per di più senza un risultato chiaro.

È certo che l'esperienza e la competenza del professionista che lavora da anni con bambini e adolescenti fa risparmiare molto tempo, dato che viene concepita una "prediagnosi" in funzione delle "segnalazioni" e che egli stesso può osservare il bambino, con questa prediagnosi che deve essere confermata da uno strumento standardizzato a tal fine.

La situazione si trasforma in un gran rompicapo per chi è alle prime armi con la valutazione infantile e dell'adolescenza, o per chi anche al di fuori della sua area di competenza deve occuparsi di un qualsiasi caso che lo richieda.

Per questo è stato appena presentato uno strumento di valutazione globale dei disturbi del comportamento ed emotivi "più comuni" nei bambini e negli adolescenti, denominato SENA, ma conoscete il Sistema di Valutazione dei Bambini e degli Adolescenti (SENA)?

Per proporre una soluzione a questa varietà di strumenti è stato creato da parte della società T.E.A. Edizioni un nuovo strumento di valutazione psicologica denominato Sistema di Valutazione dei Bambini e degli Adolescenti (SENA).

Tra le caratteristiche di questo strumento vi è la divisione della valutazione in funzione del livello di istruzione del bambino: Istruzione Infantile (dai 3 a 6 anni), Primaria (da 6 a 12 anni) e Secondaria (da 12 a 18 anni).

La durata della prova è di 20 minuti e può essere somministrata sia individualmente che collettivamente.

L'uso di questo strumento dipende dal professionista che lo utilizza, per questo può essere utilizzato tanto in ambito educativo come in quello clinico o forense.

Vengono valutati quattro aspetti del comportamento e dell'esperienza emotiva nell'infanzia e nell'adolescenza, da cui viene tratto un indice globale:

- Problemi interiori, depressione, ansia, ansia sociale, difetti somatici, sintomatologia post traumatica e ossessione-compulsione.

- Problemi esteriori, problemi di attenzione, iperattività-impulsività, problemi di controllo della rabbia, aggressività, atteggiamento insolente e comportamento asociale.

- Problemi di contesto, problemi in famiglia, problemi a scuola e problemi con i compagni.

- Problemi specifici, consumo di sostanze, problemi di abitudine alimentare, ritardo nello sviluppo, problemi di apprendimento, schizofrenia o comportamento insolito.

Nel caso concreto di disturbo di deficit dell'attenzione con o senza iperattività (TDA) la valutazione si effettua mediante il paragrafo corrispondente ai Problemi Esteriori, nello specifico mediante le voci corrispondenti a HIP-Iperattività-Impulsività e ATE – Problemi di attenzione, ma possono essere di interesse anche gli indici relativi ad altri paragrafi per completare la panoramica generale dell'influenza del problema del TDA in un bambino.

Malgrado l'innovazione che comporta lo strumento in quanto portatore di una visione generale dei problemi più comuni che presentano i bambini e gli adolescenti, lo strumento stesso deve essere complementato con altri che analizzino e valutino la problematica concreta oggetto dell'indagine.

Fornisce dunque un'informazione essenziale per avere una visione generale del bambino, che permette di comprendere in quali aree quest'ultimo presenta dei problemi per l'elaborazione di un intervento adeguato.

Resta da analizzare la corrispondenza o ridondanza di questo strumento con gli altri finora utilizzati, per esempio, nel caso specifico del TDA, bisogna analizzare fino a che punto gli indici corrispondenti all'HIP-Iperattività-Impulsività e ATE-Problemi di attenzione mostrino una correlazione con gli strumenti elaborati per la valutazione del Disturbo dell'attenzione, per verificare se fornisce qualche informazione nuova e utile da aggiungere a quelle già utilizzate.

Detto questo si tratta comunque di un prezioso strumento consigliato come controllo per analizzare le aree in cui sono mostrati i problemi del bambino e con cui poter concentrarsi su nuovi studi per realizzare una diagnosi e progettare l'intervento successivo.

Al momento di selezionare lo strumento da impiegare si può attingere ai questionari disponibili presso gli enti pubblici come scuole professionali di psicologia o biblioteche, ma questi possono essere adottati anche per la pratica privata, per questo bisogna tenere in considerazione i requisiti indicati all'inizio di questo punto.

Personalmente quando ho bisogno di usare un questionario sono solito ricorrere ad una delle aziende specializzate all'avanguardia nella valutazione psicologica denominata TEA. Tramite il suo catalogo si possono osservare le materie di interesse:

- ADATTAMENTO E COMPORTAMENTO;
- ANSIA, STRESS E DEPRESSIONE;
- COMPETENZE;
- ATTENZIONE E IPERATTIVITÀ;
- AUTISMO;
- AUTOSTIMA;
- CREATIVITÀ;
- FAMIGLIA E PARTNER;
- INTELLIGENZA EMOTIVA;
- INTELLIGENZA E SVILUPPO;
- COINVOLGIMENTO;
- LINGUAGGIO;
- MEMORIA;
- NEUROPSICOLOGIA;
- PERSONALITÀ;
- PROIETTIVI;
- PSICOGERIATRIA;
- PSICOPATOLOGIA E FORENSE;
- RILASSAMENTO;
- DISTURBI DELL'ALIMENTAZIONE.

In ognuna di queste categorie si possono trovare questionari e test specifici per la psicopatologia da analizzare, per esempio, nel caso dei disturbi dell'alimentazione:

- EDI-3. Elenco dei Disturbi del regime alimentare

Strumento di valutazione dei tratti e dei costrutti psicologici che si sono rivelati clinicamente come i più rilevanti nelle persone con disturbi nel regime alimentare (TCA).

Applicazione: individuale e collettiva.

Tempo: variabile, circa 20 minuti.

Età: prove cliniche: dai 12 anni in poi. Prove non cliniche: dai 10 anni in poi.

- IMMAGINE. Valutazione dell'Insoddisfazione dell'Immagine Corporea

Strumento di valutazione, di facile e rapida applicazione, dell'insoddisfazione per la propria immagine corporea nelle sue tre principali componenti: cognitivo-emotiva, percettiva e comportamentale.

Applicazione: individuale e collettiva.

Tempo: 10 minuti circa.

Età: a partire dagli 11 anni.

- TSA: Test delle Figure per adolescenti

Applicazione: individuale o collettiva.

Tempo: 10 minuti circa.

Età: adolescenti dai 14 ai 18 anni.

Valutazione dell'insoddisfazione e distorsione dell'immagine corporea negli adolescenti. Fornisce punti di rottura specifici per stabilire il rischio di disturbo del regime alimentare.

Quando si pensa ai disturbi dell'alimentazione, di sicuro si pensa all'anoressia o alla bulimia, sebbene questa sia un po' meno conosciuta, però è difficile che si pensi all'ortoressia, dato che tale termine non è così comune, e che fa riferimento a un disturbo ossessivo compulsivo per cui una persona è ossessionata dal "mangiare sano". Un disturbo sempre più frequente nei paesi occidentali in cui si dà più valore all'immagine esteriore che alla "salute interiore".

L'ortoressia, che colpisce principalmente le donne e gli adolescenti, ha inizio con una presa di coscienza sulla vita e sul cibo, in cui poco a poco si va a cambiare la propria vita introducendo esercizi quotidiani moderati e pratiche di yoga o meditazione, eliminando dall'alimentazione carni rosse o grasse, per diventare poco a poco più selettivi al momento di scegliere cosa mangiare.

Ma quando questa "preoccupazione" di rifiutare un qualsiasi alimento che contenga prodotti conservanti o additivi aumenta, preoccupandosi che questi siano sempre naturali, probiotici o ecologici, il mangiare fuori casa, con amici o colleghi di lavoro, potrebbe provocare una situazione di stress, dovuta al fatto che non ci si "fida" di ciò che si trova nei ristoranti, e ciò va a facilitare l'isolamento sociale.

Come una qualsiasi altra ossessione questa è caratterizzata da un'eccessiva preoccupazione per ciò che è oggetto dell'ossessione, dedicando tempo eccessivo al pensare a mangiare sano, "perdendo" molto tempo al momento di fare gli acquisti, guardando e mettendo a confronto le diverse etichette di tutti i prodotti che si comprano, cercando e ricercando tra le offerte che ci sono perdendo di conseguenza molti soldi per trovare ciò che si crede "necessario" per il proprio corpo.

Oltre ai sintomi e agli effetti precedenti, per quanto riguarda tempo e denaro, un'alimentazione "eccessivamente sana" può far sì che si smetta di assumere determinate sostanze, il che va a favorire situazioni di anemia, dato che queste persone hanno convinzioni "errate" poiché non hanno conoscenze specifiche riguardo alle diete ma al contrario sono soggette a ciò che ascoltano e che leggono senza una conoscenza specifica adeguata, oltre a favorire un isolamento.

Una percentuale di casi di ortoressia proviene da

pazienti che hanno superato altri disturbi dell'alimentazione come ad esempio l'anoressia, in cui si educa il paziente ad alimentarsi in modo sano e ad essere in questo "rigido", il che fa sì che la persona possa "fare un passo avanti" e arrivare a fissarsi su questo obiettivo, venendo così fuori da un disturbo dell'alimentazione per entrarne in un altro.

La maggiore difficoltà di questo disturbo è che è stato definito da poco tempo, per cui vi sono a malapena studi sulla diagnosi di questo disturbo così come sul suo trattamento.

Un recente lavoro realizzato insieme dall'Università del Sud Australia (Australia) e dal Texas A&M University and Dickinson College (EE.UU.) e pubblicato sul "The International Journal of Educational and Psychological Assessment" tratta di questo problema progettando un questionario per rilevare i sintomi più comuni e con questo stabilire una diagnosi adeguata.

È uno strumento che una volta approvato deve essere somministrato a diverse popolazioni target per poter avere una base sufficiente per essere adottato, di modo che si possa standardizzare e per realizzare con esso statistiche nazionali e internazionali.

È stato progettato un questionario breve con 21 domande, in cui vengono valutate tre dimensioni:

conoscenza dell'alimentazione sana, problemi associati all'alimentazione sana e sensazioni positive sull'alimentazione sana.

Lo studio preliminare gode di una sufficiente validità interna ed ecologica, ma alcuni Paesi devono ancora adattare questi studi per poter con questi rilevare nuovi casi di pazienti, dato che prima vengono rilevati prima si può intervenire e aiutarli così a superare questo disturbo dell'alimentazione.

Così come si è visto, i disturbi alimentari si possono presentare in modi diversi, come bulimia, anoressia o vigoressia, presentando ognuno di questi caratteristiche diverse, sebbene siano dannosi allo stesso modo per la salute, per il fatto che in ogni caso si creano squilibri alimentari che vanno poi a provocare danni alla salute che, se non curati in tempo, possono anche in alcuni casi mettere a rischio la vita di chi ne soffre.

Molte sono le teorie che sono sorte riguardo ai disturbi alimentari, tanto sulla loro origine come sulla loro gestione, però non si è ancora arrivati a nessuna conclusione su di essi dato che sono inoltre di difficile trattamento, dato che la persona che ne soffre nega di solito la realtà del suo problema e crede che ciò che fa sia semplicemente parte del suo modo di vita, qualcosa di ricercato volontariamente.

È per questo che al momento di curare questi pazienti la prima cosa da "combattere" sono queste convinzioni errate riguardo alla salute, all'alimentazione e al potere che questi ultimi credono di avere sulla loro vita, per cui una volta rotte queste convinzioni li si può rieducare ad abitudini adeguate che li aiutino a poco a poco a riprendersi dalle carenze alimentari di cui hanno sofferto.

Tuttavia quando si pensa a persone colpite da questo tipo di disturbi lo si è soliti fare con rispetto verso persone a volte sole, o che sono soggette a canoni sociali di bellezza a cui vengono esposte dalla televisione o dalle riviste, ma sono esposti anche gli sportivi ai disturbi alimentari?

Questo è ciò che cerca di scoprire l'Università Federale di Juiz de Fora insieme all'Università di San Paolo (Brasile), i cui risultati sono stati pubblicati di recente sulla rivista scientifica Paidéia.

A questo studio hanno partecipato 580 adolescenti, di entrambi i sessi, di età compresa tra i 10 e i 19 anni, che praticavano sport regolarmente poiché iscritti ad uno dei cinque club sportivi da cui sono stati presi, e che praticavano tra gli altri corsa campestre, basket, calcio, scherma, ginnastica artistica, pallamano, judo, nuoto, pallanuoto e pallavolo.

A tutti loro sono stati dati tre diversi questionari

standardizzati, uno per valutare il rischio di soffrire di un disturbo alimentare denominato Questionnaire Eating Attitudes Test (EAT-26), un altro per valutare la soddisfazione riguardo al proprio corpo cioè il Body Shape Questionnaire (BSQ) e, infine, uno che valuta il compromesso psicologico con lo sport e cioè il Commitment Exercise Scale (CES). A quanto esposto si sono aggiunte le misure di peso e altezza, oltre alla percentuale di grasso corporeo. Si sono inclusi anche dati demografici ed economici dei partecipanti.

I risultati mostrano una percentuale dei disturbi alimentari del 18% nelle ragazze e del 14% nei ragazzi, e vi sono differenze anche riguardo alla soddisfazione per il proprio corpo, con un'insoddisfazione del 14% nei ragazzi e fino al 38% nelle ragazze.

Nonostante si abbia a che fare con dati relativi a ragazzi e ragazze, lo studio non ha realizzato un'analisi comparativa tra questi per verificare se i risultati precedenti erano significativamente differenti tra di loro oppure no.

Lo studio non comprende un gruppo di controllo con cui verificare se i risultati sono elevati oppure uguali a quelli ottenuti tra la popolazione che non pratica sport in modo regolare. Con questo si dovrebbe richiedere di confrontare i risultati con quelli delle altre popolazioni per poter stabilire se gli sportivi sono maggiormente esposti ai disturbi alimentari oppure no.

Capitolo 4. La diagnosi differenziale nella Psicologia Clinica

Una delle difficoltà più grandi al momento di stabilire la diagnosi è precisamente quella di saper capire di che psicopatologia si tratta, soprattutto nei casi in cui ve ne sono altre che potrebbero presentare una sintomatologia simile.

L'importanza della diagnosi sta nel fatto che a partire da essa si può stabilire il trattamento opportuno. Una diagnosi errata non solo fa sì che l'intervento poi realizzato sia inutile ma va anche a ritardare l'applicazione del trattamento adeguato e necessario per il paziente.

Per questo sono molto utili il paragrafo descrittivo del D.S.M.-V in cui viene specificato con quali altri tipi di psicopatologia ci si può confondere, e i casi di "esclusioni" del C.I.E.-10.

Ritornando al caso dei disturbi psicosomatici di cui si è parlato nei paragrafi precedenti, uno degli aspetti più difficili al momento di occuparsi delle malattie psicosomatiche è l'elaborazione di una diagnosi chiara.

Innanzitutto bisogna distinguere tra questo tipo di malattie e altre di origine medica o psicologica, poi successivamente si forniscono le chiavi necessarie per arrivare ad una diagnosi differenziale di un'altra sintomatologia "simile".

L'interesse dello studio per lo psicosomatico parte dall'area clinica come un quesito riguardo a determinati sintomi in cui non si riscontrava un'origine medica, portando all'idea che l'organismo (soma) potrebbe essere influenzato dalla mente (psiche) di una persona; ma ovviamente si tratterebbe di una "psiche malata".

Con questo si accettava una cosa che fino ad allora era stata scartata e cioè la stretta correlazione tra mente e corpo e la loro interdipendenza, di modo che se uno si ammalava così accadeva anche all'altra e viceversa; si parla così di un intervento a partire da una prospettiva olistica della persona.

Quindi vi sono tre tipi di malattie possibili nel paziente, le malattie fisiche, i disturbi psichici o psichiatrici e i disturbi psicosomatici.

Si è potuto però constatare come alcune malattie fisiche abbiano effetti psicologici, così come alcune malattie mentali abbiano effetti fisici, cosa che ha portato molti autori a difendere l'idea secondo la quale tutte le malattie, sia fisiche che mentali, sono disturbi psicosomatici, dato che in maggiore o minore misura vanno ad essere colpiti aspetti fisici e psichici del paziente.

Questi contributi sono stati confermati dai più recenti studi sulla psiconeuroendocrinoimmunologia, in cui vengono trattate precisamente le relazioni di interdipendenza tra gli aspetti che influiscono sulla salute, come ad esempio il sistema immunitario, di cui fanno parte anche il sistema nervoso, quello endocrino e la psiche.

Attualmente il ruolo della psicosomatica si limita a ciò che è noto come disturbi somatoformi o sintomi somatici clinicamente inspiegabili, la cui caratteristica principale è quella di produrre sintomi fisici senza che si rilevi una infermità clinica che li spieghi.

Una volta che si sappia quale sia il campo di intervento dei disturbi psicosomatici, per poter portare a termine una diagnosi differenziale bisogna stabilire una distinzione chiara con altri quadri clinici, in cui la richiesta del paziente è dovuta a sintomi fisici in cui non si trovano cause mediche che li spieghino, tra cui ci sono:

- Simulazioni, in cui non vi sono sintomi fisici ma al contrario è la persona che sta inventando consapevolmente i sintomi per ottenere qualche beneficio o per evitare un obbligo; è per questo che il medico non riesce a stabilire una diagnosi chiara.

- La sindrome di Munchhausen, in cui vi sono sempre sintomi "simulati", stavolta però autoprovocati dal paziente, ingerendo medicinali o sostanze tossiche per avere febbre o vomito, oppure autolesionandosi per provocare ematomi; ma in questo caso il paziente cerca di raggiungere con urgenza lo "status" di malato e di conseguenza il suo ricovero in ospedale.

- La mitomania, conosciuta anche come mentire compulsivo, in cui la bugia viene prodotta con lo scopo di cercare notorietà e ammirazione da parte di chi lo ascolta, senza che ci siano sintomi fisici che "supportino" la sua versione. La differenza principale con il simulatore consiste nella mancanza delle caratteristiche della personalità del primo e in questa "dipendenza" dal mentire.

- Il disturbo limite della personalità, che si verifica in pazienti dalla personalità "debole" con costanti dubbi sulla loro identità e con mancanza di controllo degli impulsi; oltre ai disturbi somatici, il paziente si presenta con un intero elenco di caratteristiche della personalità e di impulsività che permettono di stabilire una diagnosi differenziale al riguardo.

Il primo compito del professionista sanitario è escludere altri disturbi mentali che possono risiedere all'origine di questi sintomi che portano alla richiesta del paziente. Una volta che non si trovano spiegazioni mediche per questi ultimi, ed esclusa la simulazione e altri disturbi psicologici, si può affermare che ci si trova di fronte ad un disturbo somatoforme.

La caratteristica principale dei disturbi somatoformi è la presenza ripetuta di sintomi fisici, insieme con sollecitazioni persistenti degli esami medici, malgrado i risultati siano continuamente negativi e i medici abbiano ribadito che i sintomi non hanno fondamenti fisici. Se vi sono alcuni disturbi fisici, questi non spiegano comunque né la natura né la portata dei sintomi né la sofferenza e la preoccupazione del paziente.

Come vediamo quello della diagnosi in alcuni casi non è un compito semplice, dato che si devono escludere molte psicopatologie che presentano sintomi simili.

Vediamo cosa dice il C.I.E.-10 al riguardo:

si esclude la diagnosi dei disturbi somatoformi:

- Disturbi dissociativi (F44.-);

- Strapparsi i capelli (F98.4);

- Emettere suoni indistinti (F80.0);

- Difetti di pronuncia (F80.8);

- Onicofagia (F98.9)

- Fattori psicologici e del comportamento in disturbi o malattie classificate altrove (F54.-);

- Disfunzioni sessuali non biologiche (F52.-);

- Succhiarsi il pollice (F98.8);

- Tic durante l'infanzia e l'adolescenza (F95.-);

- Sindrome di Gilles de la Tourette (F95.2);

- Tricotillomania (F63.3).

Nota diagnostica

Le persone con questi disturbi possono anche

mostrare in una certa misura una tendenza ad attirare l'attenzione (istrionica), soprattutto se sono frustrati dal fatto di non riuscire a convincere i medici della natura principalmente fisica della loro malattia e della necessità di più prove ed esami.

A sua volta il D.S.M.-V fornisce informazioni sulla diagnosi differenziale dei disturbi somatoformi:

se i sintomi somatici sono congruenti con un altro disturbo mentale (per esempio gli attacchi di panico) e i criteri diagnostici per questo disturbo si verificano, allora il disturbo mentale si dovrebbe considerare come un'alternativa o una diagnosi addizionale. La diagnosi separata dal disturbo dei sintomi somatici non si verifica se i sintomi somatici e i pensieri, sentimenti o comportamenti relazionati compaiono solo durante gli episodi di depressione maggiore. Se, come accade di solito, si verificano i criteri tanto per il disturbo dei sintomi somatici come per l'altra diagnosi di disturbo mentale, allora si dovrebbero codificare entrambi i disturbi, posto che entrambi possano necessitare di un trattamento.

Altre condizioni mediche. La presenza di sintomi somatici dall'eziologia poco chiara non è per sé sufficiente per fare la diagnosi del disturbo dei sintomi somatici. I sintomi di molti individui con disturbi, come la sindrome dell'intestino irritabile o la fibromialgia, non soddisfano i criteri necessari per la diagnosi del disturbo dei sintomi somatici (Criterio B). al contrario, la presenza di sintomi somatici di un disturbo medico stabilito (per esempio, diabete o malattie cardiache), non esclude la diagnosi del disturbo dei sintomi somatici se si verificano i criteri.

- Attacchi di panico. Nell'attacco di panico, i sintomi somatici e l'ansia per la salute tendono a comparire durante episodi gravi, mentre nel disturbo dei sintomi somatici l'ansia e i sintomi somatici sono più persistenti.

- Disturbo d'ansia generalizzato. Gli individui con disturbo d'ansia generalizzato si contraddistinguono per preoccupazioni dovute a molti avvenimenti, situazioni o attività, e solo una di queste può coinvolgere la salute. I sintomi somatici o la paura di una malattia non sono soliti essere il centro principale, com'è invece nel caso del disturbo dei sintomi somatici.

- Disturbi depressivi. I disturbi depressivi sono accompagnati di frequente da sintomi somatici. Tuttavia i disturbi depressivi si differenziano dal disturbo dei sintomi somatici a causa dei sintomi depressivi centrali bassi (disforici), stato d'animo e anedonia.

- Disturbo d'ansia per malattia. Se l'individuo nutre grande preoccupazione riguardo alla sua salute, però senza avere sintomi somatici, potrebbe essere più appropriato tenere in considerazione il disturbo d'ansia per malattia.

- Disturbo di conversione (disturbo di sintomi neurologici funzionali). Nel disturbo di conversione, il sintomo è la perdita di una funzione (per esempio di un arto), mentre nel disturbo dei sintomi somatici l'attenzione si concentra sull'angoscia che viene provocata dai sintomi concreti. Le caratteristiche elencate nel Criterio B del disturbo dei sintomi somatici possono essere utili per differenziare i due disturbi.

- Disturbo delirante. Nel disturbo dei sintomi somatici, le convinzioni di una persona sul fatto che i sintomi somatici potrebbero riflettere una infermità fisica latente grave non hanno un'intensità maniacale. Le convinzioni dell'individuo in relazione con i sintomi somatici possono essere mantenute con fermezza. Al contrario, nel disturbo delirante, di sottotipo somatico, le convinzioni riguardo ai sintomi somatici e al comportamento sono più forti di quelle che si trovano nel disturbo dei sintomi somatici.

- Disturbo da dismorfismo corporeo. Nel disturbo da dismorfismo corporeo l'individuo è eccessivamente agitato e preoccupato a causa di un difetto avvertito nelle sue caratteristiche fisiche. Al contrario, nel disturbo dei sintomi somatici la preoccupazione riguardo ai sintomi somatici riflette la paura di un'infermità latente, non di un difetto nell'aspetto.

- Disturbo ossessivo-compulsivo. Nel disturbo dei sintomi somatici le idee ricorrenti riguardo ai sintomi o alle malattie somatiche sono meno intrusive, e le persone con questo disturbo non mostrano i comportamenti ripetitivi associati, volti a ridurre l'ansia, che hanno luogo nel disturbo ossessivo-compulsivo.

Allo stesso modo bisogna che ci sia, al momento di stabilire una diagnosi chiara, la presenza di altre patologie che possano peggiorare il pronostico del trattamento e del suo recupero, per esempio, uno dei problemi più importanti per pediatri e genitori è saper riconoscere se il bambino sta avendo uno sviluppo normale o no in relazione agli altri bambini della sua età.

Possono essere molte le circostanze che possono provocare carenze nello sviluppo del bambino, alcune delle quali sembrano risolversi da sole man mano che il bambino cresce mentre altre richiedono un intervento dello specialista sia per la loro diagnosi che per il loro trattamento.

Quando oltre alla presenza di carenze, siano queste nello sviluppo motorio, intellettuale o delle abilità comunicative, vi sono anche alcuni tratti fisici caratteristici è possibile che ci si trovi di fronte a un bambino con la sindrome di Down, diagnosi che oltre alle sue caratteristiche significative può essere rapidamente diagnosticata dalla presenza di un'alterazione genetica nella coppia 21 in cui vi è un cromosoma extra, da qui la sua denominazione trisomia 21.

Il fatto che si soffra di questo tipo di alterazione cromosomica con tutte le sue conseguenze fisiche e dello sviluppo non evita che si possa soffrire nella stessa percentuale della popolazione di altre alterazioni e disturbi, sia dello sviluppo che di altro tipo.

La difficoltà risiede principalmente nel saper distinguere quale sintomatologia corrisponde alla sindrome di Down e quali ad un altro disturbo, soprattutto quando questo è dello sviluppo, laddove la sua caratteristica principale è precisamente un rallentamento nello sviluppo delle abilità di controllo motorio, del linguaggio, delle capacità cognitive, o del controllo delle poche emozioni, prendendo come punto di comparazione i bambini della stessa età, ma può presentarsi l'autismo con la sindrome di Down?

Questo è precisamente ciò che cercano di studiare l'Ospedale Alto Deba, l'Ospedale Donostia, e la Fondazione CITA-Alzheimer Fundazioa (Spagna) i cui risultati sono stati pubblicati di recente sulla rivista scientifica Journal of Neurodevelopmental Disorders.

Così come è stato detto nell'introduzione la difficoltà

di rilevare la presenza di entrambi i disturbi in una sola volta è che bisogna individuare a quale dei due corrispondono i sintomi che mostrano i bambini.

Nel caso della sindrome di Down può essere che qualcuno metta in mostra alcuni dei suoi tratti tipici, ad esempio un certo ritardo nello sviluppo del linguaggio e nell'istituzione di relazioni sociali, i quali però possono passare totalmente inosservati per il fatto che possono essere mostrati ritardi anche in altre abilità, e ciò può anche nascondere inoltre la sofferenza di un disturbo dello Spettro Autistico.

Tale è la difficoltà di questa seconda diagnosi che gli autori dello studio affermano che non esiste oggigiorno dati riguardo alla presenza di entrambi i disturbi dello sviluppo presentati contemporaneamente, ma malgrado ciò hanno progettato uno studio per cercare di distinguere tra di loro i sintomi.

Allo studio hanno partecipato 46 persone tra i 10 e i 21 anni, 26 donne e 20 uomini tutti con la trisomia 21, cioè la sindrome di Down, e nello specifico sono stati selezionati quelli cui non è stato diagnosticato il disturbo dello spettro autistico.

A tutti loro sono stati somministrati diversi questionari come la scala di ricettività sociale denominata Social Responsiveness Scale (SRS) in cui gli assistenti valutano il livello di implicazione sociale dei bambini, il questionario di sviluppo sociale denominato Social Communication Questionnaire-Lifetime (SCQ), uno utilizzato per esercizio sociale attraverso il linguaggio non verbale cioè la Scala Internazionale di Esecuzione di Leiter denominato Leiter International Performance Scale-Revised (Leiter-R), o una prova di vocabolario denominata Peabody Picture Vocabulary Test, Fourth Edition (PPVT-4).

Il fatto di passare una prova propria del disturbo dello spettro autistico a qualcuno che non lo tiene permette di sapere quali voci e scale della prova si riveleranno nel gruppo dei diagnosticati con la sindrome di Down e quali no.

Sono precisamente questi secondi quelli che permettono di stabilire una diagnosi nei nuovi casi, dato che, dopo che si è presentato, si può dire che si sta soffrendo anche di un disturbo dello spettro autistico.

I risultati più notevoli mostrano esiti significativi in due sottoscale della SRS, in particolare per quanto riguarda la cognizione sociale e il manierismo, basandosi quest'ultimo su movimenti ripetitivi come l'oscillazione, e secondo gli autori sono questi i sintomi più importanti da tenere in considerazione al momento di valutare la presenza del disturbo dello spettro autistico in bambini con la sindrome di Down.

Bisogna tenere in considerazione il numero ridotto di partecipanti e il grado di età così ampio che è stato usato, il che rende necessaria una nuova indagine con più soggetti prima di poter arrivare ad una conclusione valida.

Allo stesso modo, l'età minima dei partecipanti di 10 anni fa sì che questo non si possa impiegare come strumento diagnostico utile per il disturbo dello spettro autistico, dato che prima si rileva questo prima si può intervenire.

A quanto già esposto bisogna aggiungere che il disturbo dello spettro autistico si produce con più frequenza nei bambini con la sindrome di Down che negli altri, però con meno frequenza rispetto a quelli che si trovano in altri gruppi di disabilità dell'apprendimento.

La prevalenza può essere tanto alta come pure del 5%.

Spesso vi è riluttanza a considerare la possibilità della doppia diagnosi di sindrome di Down e autismo. Per questo motivo la diagnosi è spesso ritardata di molto.

Ci sono due ragioni per l'insuccesso della diagnosi del disturbo autistico nei bambini con la sindrome di Down:

1. L'idea errata secondo la quale i bambini con la sindrome di Down sono sempre "felici" per cui non possono essere "autistici";

2.   La mancanza di coscienza del profilo dello sviluppo abituale delle persone con la sindrome di Down.

Di particolare importanza è quella relativa all'alta prevalenza di spasmi infantili.

I bambini possono mostrare comportamenti tipici dell'autismo nell'infanzia e seguire un percorso simile a quello osservato in altri bambini. Tuttavia non è raro che si verifichi una regressione delle abilità sociali e della comunicazione nell'infanzia tardiva – tipicamente tra i 3 e i 7 anni di età – e a volte anche nell'adolescenza. Questa condizione può essere disabilitante.

La diagnosi è molto importante perché quando le due condizioni coesistono il disturbo autistico ha la priorità in termini di necessità educative e di gestione.

La possibilità che si presenti il disturbo autistico deve essere considerata in qualsiasi bambino in età prescolastica con la sindrome di Down che sta fallendo nel fare i progressi sperati nel parlare, nel linguaggio, nella comunicazione, nelle abilità sociali o in qualsiasi bambino più grande che mostra una regressione di queste abilità.

La diagnosi differenziale include:
- L'ipotiroidismo;
- Disabilità multiple profonde e gravi;
- La privazione sociale;

- Infermità concomitante maggiore;
- Ascolto o lacuna visiva.

Bisogna pensare che la diagnosi differenziale è l'ultimo passo prima del trattamento, e dipende da essa se il trattamento sia poi effettivo oppure no. Per esempio, se a una persona viene diagnosticato il disturbo depressivo maggiore quando in realtà quello che tiene è un disturbo bipolare, questa persona starà ricevendo solo la metà del trattamento di cui ha bisogno, cioè ci si starà occupando dei casi di episodi di depressione ma non degli episodi di mania.

Si sa che tanto nel disturbo depressivo come nel disturbo bipolare si verificano episodi di depressione, ma quale dei due disturbi è più debilitante dal punto di vista sociale?

Durante la fase passiva o depressiva, la persona sembra "spegnersi", perdere l'interesse per tutto e tutti, senza avere il desiderio di relazionarsi con quelli intorno a lui, cercando la solitudine e l'isolamento e in molti casi senza aver nemmeno la voglia di alzarsi dal letto.

Nella fase di mania, tipica del disturbo bipolare, si verifica il contrario, cioè si manifesta un'euforia nella persona che la porta a credere di poter fare qualsiasi cosa e con cui aumenta considerevolmente l'appetito, portandola inoltre a realizzare attività piacevoli, cercando la compagnia degli altri.

Ma tornando alla fase depressiva, è possibile trovare differenze tra l'episodio depressivo di cui si soffre nel disturbo depressivo maggiore e quello di cui si soffre invece nel disturbo bipolare?

Questo è ciò di cui si occupa precisamente un recente studio condotto dall'Istituto Medico SMS, dall'Istituto Medico Governativo BPS per le donne, e dall'Istituto di Scienze Mediche di tutta l'India (India) e pubblicato sulla rivista scientifica Depression Research and Treatment.

Allo studio hanno partecipato 96 persone, la metà delle quali con una diagnosi di disturbo depressivo maggiore e l'altra metà di disturbo bipolare.

A tutti i partecipanti è stato somministrato un questionario standardizzato denominato Strumento del grado di deterioramento del funzionamento (Range of Impaired Functioning Tool – LIFE – RIFT) in cui si esamina il coinvolgimento dei disturbi degli stati d'animo in quattro aspetti: quello lavorativo, quello delle relazioni sociali, quello della soddisfazione e quello della ricreazione.

La somma totale dei quattro aspetti precedenti fornisce un indice globale di coinvolgimento.

In entrambi i casi, tanto come nel disturbo depressivo maggiore come nel disturbo bipolare sono stati riscontrati come coinvolti negativamente i quattro ambiti della vita presi in considerazione.

I risultati indicano che non vi erano differenze significativi tra gli aspetti valutati, sebbene ci fossero invece nell'indice globale ottenuto dalla somma dei valori di questi quattro aspetti.

Gli autori dello studio si occupano di spiegare queste differenze in funzione della dissonanza cronica, concetto che fa riferimento alla discrepanza riguardo a quanto ci si aspettava nelle relazioni sociali, essendo queste maggiormente penalizzate proprio perché non si sa cosa aspettarsi, e infatti in una persona con un disturbo depressivo maggiore queste si mostreranno sempre nello stesso modo, portando anche la persona stessa ad accettare e ad adattarsi a questa situazione con coloro con cui convive, ma i cambi bruschi del disturbo bipolare rendono più difficile questo adattamento, provocando un maggiore deterioramento sociale.

Nemmeno sono state trovate differenze significative per quanto riguarda l'indice globale ottenuto né in funzione dell'età di apparizione del disturbo sia depressivo maggiore che bipolare né in funzione del numero di episodi sofferti. Quindi il deterioramento globale sarebbe indipendente da questi due dati.

Così come affermano gli autori dello studio, sebbene

i risultati appaiano chiari, questi devono essere considerati in funzione della cultura condivisa da tutti i partecipanti, per cui è necessaria un'indagine transculturale per verificare se questi risultati vengono mantenuti in altre latitudini o se presentano altre differenze significative.

Fino a quando non si ottiene una diagnosi di disturbo bipolare, i familiari, gli amici e i conoscenti possono sentire che qualcosa non sta andando bene con questa persona, ma senza sapere esattamente il perché, dato che il passaggio tra episodi depressivi e di mania sono totalmente inaspettati e non seguono nessuna regola.

Una volta che si ottiene la diagnosi corrispondente, il partner, i familiari e gli amici devono prendere una decisione riguardo al come prendersi cura di lui adeguatamente. Se si tratta di un adulto indipendente, è molto più difficile la supervisione riguardo al rispetto dell'assunzione dei medicinali nelle ore stabilite dal medico specialista. Se si tratta invece di un minore o se vive sotto la cura di altre persone questa cura è più semplice.

Una situazione che è lontana dall'essere facile e che si trasforma in un problema ogni volta che si deve prendere una medicina, soprattutto quando il paziente non si "sente" malato e crede che non è necessario, o quando si trova in una fase di mania in cui si sente benissimo e pieno di vitalità e in cui pensa non realisticamente che lui/lei possa controllare i sintomi senza "arrecare danno" a nessuno, ma che rischi corre l'assistente di un paziente bipolare?

Questo è ciò che si occupano di scoprire l'Università Bezmialem Vakif, l'Ospedale Statale Başak şehir, l'Ospedale di Ricerca e Insegnamento Erenköy delle Malattie Neurologiche e Psichiatriche e l'Ospedale di Ricerca ed Istruzione di Istanbul (Turchia) in uno studio pubblicato di recente sulla rivista scientifica Journal of Psychiatry. Allo studio hanno partecipato 34 assistenti di pazienti con diagnosi di disturbo bipolare di cui il 41% donne con un'età media di 41 anni, di fronte ad altri 37 volontari.

Tutti i partecipanti hanno compilato un questionario standardizzato sull'ansia, lo State and Trait Anxiety Inventory (STAIX I-II), un altro sul carattere denominato Temperament and Character Inventory (TCI), e un altro sulla percezione dello stato d'animo relazionata con la depressione denominato Hamilton Depression Rating Scale (HDRS), a cui sono stati aggiunti i loro dati sociodemografici.

I risultati forniscono informazioni sulle differenze significative tra assistenti e non assistenti, mostrando nei primi elevati livelli nel STAIX I-II, aspetto che già si conosce, e l'ansia mantenuta nel tempo va ad essere la causa dell'apparizione anticipata di malattie psicosomatiche.

Nel caso della valutazione dello stato d'animo della depressione, non vi sono differenze significative tra i due gruppi. Sebbene il numero dei partecipanti è ridotto, i risultati sono chiari nella direzione in cui curare e convivere con un paziente bipolare provoca un aumento significativo dell'ansia.

I risultati devono aiutare a porre l'attenzione sui familiari e sugli assistenti dei pazienti con disturbo bipolare dovuto agli effetti nocivi sulla salute che ha questo lavoro. Da qui l'importanza di avere a che fare con un gruppo di sostegno attraverso le associazioni specializzate in cui poter condividere timori, preoccupazioni e difficoltà, e in cui allo stesso tempo si riceve l'appoggio e la premura dei suoi membri, i quali soffrono della stessa situazione nelle proprie case.

Come abbiamo visto la diagnosi differenziale è fondamentale, ma per arrivare ad essa si deve passare per la fase precedente dell'intervista clinica, in cui si sono osservati una serie di sintomi che ci hanno portato a sospettare sulla diagnosi, la quale deve essere confermata dai risultati dell'applicazione degli strumenti di valutazione clinica pertinenti.

Se gli "indizi" non erano sufficienti oppure non erano del tutto chiari si applicava una prova "generale" corrispondente all'età, per iniziare ad esaminare quegli ambiti in cui la persona presentava i problemi, per poi realizzare un questionario o test specifico per il disturbo rilevato.

Infine, bisogna tenere in considerazione che la sintomatologia presente può provenire da diverse fonti, siano queste mediche o psicologiche, da qui l'importanza di realizzare una diagnosi differenziale per escludere altre spiegazioni, e allo stesso modo per rilevare la presenza di altre psicopatologie che si possono presentare in quello stesso momento.

Se le prove cliniche forniscono informazioni sulla comorbilità (convivenza) di due o più patologie, è il professionista sanitario che deve dare la priorità all'intervento, dando priorità a quella psicopatologia che abbia una sintomatologia grave e più turbolenta per la vita del paziente e dei suoi familiari, rinviando a "più avanti" il trattamento delle psicopatologie rilevate ma che non sono tanto urgenti.

Questo deve essere ben spiegato ai pazienti, dato che può essere che vengano in clinica per un problema e ricevano invece la diagnosi e il trattamento di un'altra psicopatologia più grave di cui non si erano resi conto.

Conclusioni

L'ambito di studio della psicologia si estende a qualsiasi attività umana, per comprendere come questa si produca e che influenza possa avere sulla vita di una persona, da qui l'inclusione di un'attività sempre più frequente tanto negli adulti come nei più giovani e cioè l'uso diffuso ed intensivo di Internet, soprattutto per quanto riguarda l'uso dei social network.